TIME FOR KIDS

¡Volcanes!

Cy Armour

Asesor

Timothy Rasinski, Ph.D.
Kent State University

Créditos

Dona Herweck Rice, *Gerente de redacción*
Robin Erickson, *Directora de diseño y producción*
Lee Aucoin, *Directora creativa*
Conni Medina, M.A.Ed., *Directora editorial*
Ericka Paz, *Editora asistente*
Stephanie Reid, *Editora de fotos*
Rachelle Cracchiolo, M.S.Ed., *Editora comercial*

Créditos de las imágenes
Cover & p.1 Krafft/Photo Researchers, Inc.; p.3 Beboy/Shutterstock; p.4 top: Bigstock; p.4 bottom: Judex/Shutterstock; p.5 top: Newscom; p.5 Mikhail/Shutterstock; p.6 PETER, CARSTEN/National Geographic Stock; p.7 Hoa-Qui/Krafft/Photo Researchers, Inc..; p.8 top: Bryan Busovicki/Shutterstock; p.8 bottom: Iv Nikolny/Shutterstock; p.9 Beboy/Shutterstock; p.9 Mikhail/Shutterstock; p.10 Dorling Kindersley/Getty Images; p.10 Mikhail/Shutterstock; p.11 Rob3000/Dreamstime; p.12 Vulkanette/Shutterstock; p.13 BSIP/Photo Researchers, Inc.; p.14 TyBy/Shutterstock; p.15 James Steidl/iStockphoto; p.16 Mikhail/Shutterstock; p.16 Beboy/Shutterstock; p.17 CORBIS; p.18 Vulkanette/Shutterstock; p.19 Beboy/Shutterstock; p.20 mikeuk/iStockphoto; p.20 Hiroshi Ichikawa/Shutterstock; p.20 Cartesia; p.21 Ales Liska/Shutterstock; p.21 Neelsky/Shutterstock; p.22 Lee Prince/Shutterstock; p.23 NASA/JPL

Teacher Created Materials
5301 Oceanus Drive
Huntington Beach, CA 92649-1030
http://www.tcmpub.com

ISBN 978-1-4333-4442-8

Printed in Malaysia
Thumbprints.42805

Tabla de contenido

¡Volcán! 4
¿Cómo se forman los volcanes? 8
¡Erupción! 16
¿Dónde hay volcanes? 20
Glosario 24

¡Volcán!

Hace mucho tiempo, la gente creía que en los **volcanes** vivían dioses poderosos.

La palabra *volcán* viene de Vulcano, el dios romano del fuego.

Cuando los dioses se enojaban, escupían fuego, cenizas y **lava** sobre la tierra.

Ahora sabemos que los volcanes son parte de la naturaleza.

Los científicos trabajan duro para aprender más acerca de los volcanes y cómo se forman.

¿Cómo se forman los volcanes?

Un volcán comienza como un hoyo profundo o grieta en la tierra. Cuando aumenta la **presión**, escapan cenizas, rocas, gases y **magma** por el hoyo. Con el paso del tiempo, estos materiales expulsados pueden formar una montaña.

El magma es roca fundida por el calor.

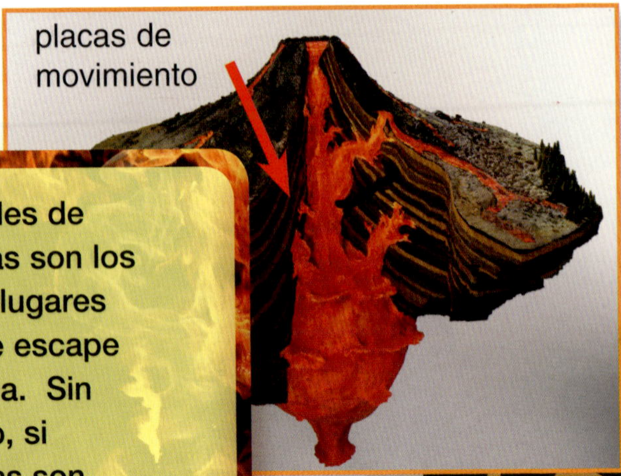

Los bordes de las placas son los mejores lugares para que escape el magma. Sin embargo, si las placas son delgadas, el magma puede salir por otros agujeros y grietas en la corteza terrestre.

¿Por qué sucede esto?

La Tierra está formada por capas. La capa exterior es la **corteza**. La corteza consiste en grandes masas de tierra llamadas placas. Las **placas** se mueven lentamente, rozando una contra otra.

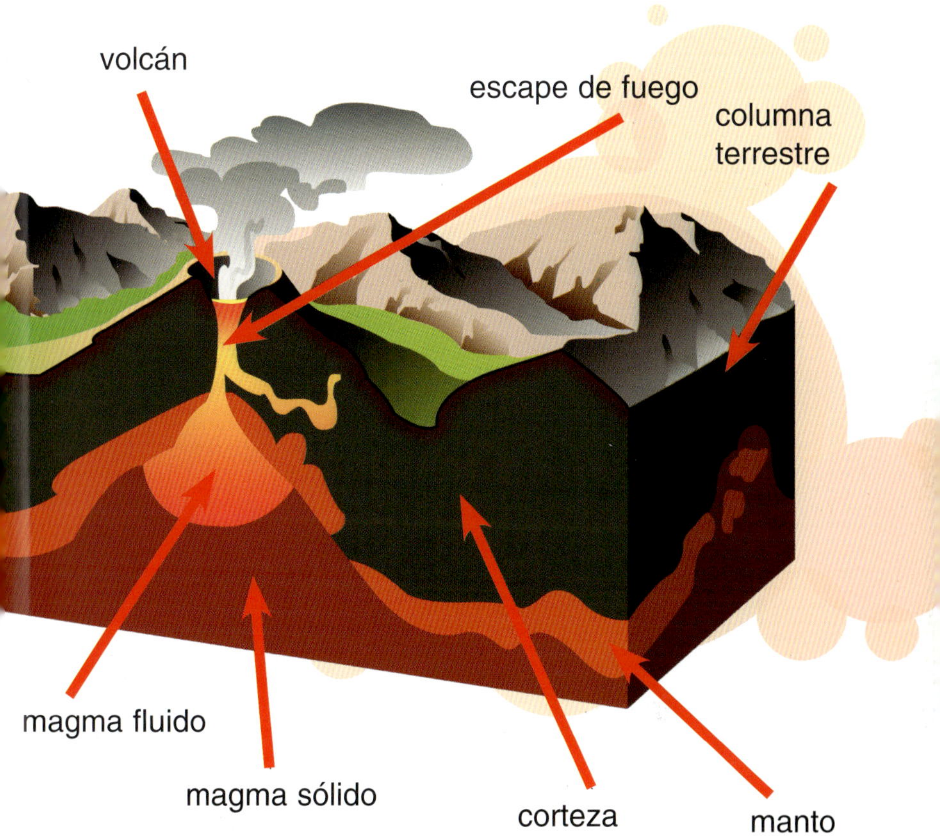

Debajo de la corteza está el **manto**, una gruesa capa de roca caliente. En las profundidades de la Tierra, hace tanto calor que la roca se funde y forma magma.

La presión y el calor en el manto empujan el magma hacia una **cámara de magma**. El magma es más ligero que la corteza, por lo que la empuja intentando subir.

Por último, la presión de los gases empuja el magma a través de la corteza. Esto se llama **erupción**.

¡Erupción!

Si un volcán está en erupción o ha tenido erupciones recientes, se le llama *activo*. Si se cree que puede hacer erupción en el futuro, se le llama latente o ***dormido***.

Ocurre una erupción cuando salen magma, cenizas, rocas y gases del volcán. En ocasiones, la erupción es explosiva. Otras veces, fluye lentamente.

Piensa en lo que pasa al agitar una lata de gaseosa. Al abrir la lata, la gaseosa puede escapar como un fuerte chorro o escurrirse por los costados. Depende de cuánta presión se haya acumulado.

Mientras mayor es la
presión, ¡mayor es la explosión!

Una vez fuera del volcán, el magma se llama lava. La lava puede ser líquida y avanzar rápidamente, o puede ser espesa y lenta. En ambos casos, la lava es muy, muy caliente. Puede alcanzar temperaturas de hasta 2012° F.

¿Dónde hay volcanes?

Hay cientos de volcanes en el mundo. Más de la mitad están en las costas del océano Pacífico. Este grupo de volcanes se conoce como Anillo de Fuego.

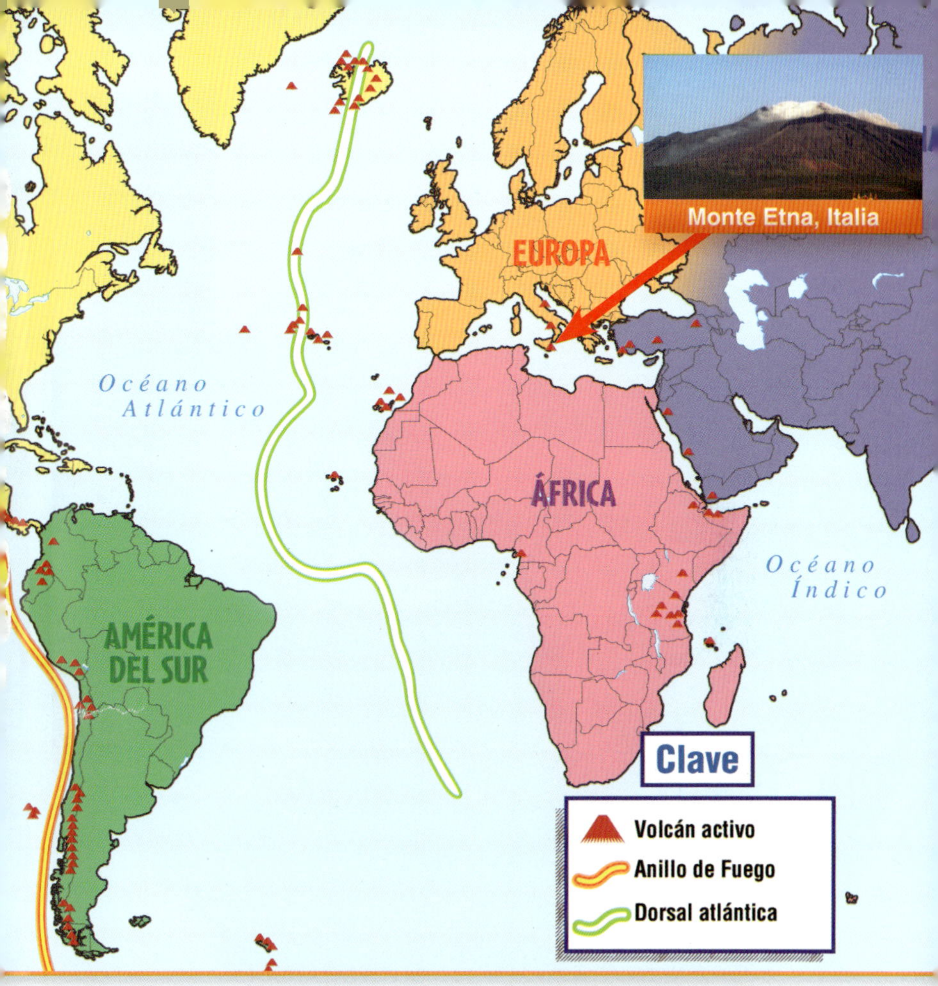

Otro importante grupo de volcanes está en el fondo del océano Atlántico y se conoce como dorsal atlántica. ¡Es la mayor cordillera montañosa del mundo!

La Tierra no es el único lugar con volcanes. También hay volcanes en otros planetas.

De hecho, el volcán más grande que se conoce es el monte Olimpo, en Marte. Tiene una altura de 16 millas y es tan ancho como el estado de Arizona.

¡Es un volcán enorme!

Glosario

cámara de magma—la cavidad en un volcán donde se acumula el magma antes de una erupción

corteza—la capa superior de la Tierra

dormido—inactivo

erupción—cuando un volcán libera magma, rocas y gases

lava—magma que está fuera de un volcán

magma—roca líquida caliente

manto—la gruesa capa terrestre, formada por gases y magma, que está debajo de la corteza

placas—los grandes pedazos de la corteza terrestre que se deslizan, uniéndose y separándose

presión—una fuerza que empuja contra algo

volcán—zona donde el magma en el interior de la Tierra es empujado hacia la superficie y surge en una erupción